I.n.27 16639.

NOTICE

SUR

M. DE PRADT,

ANCIEN ARCHEVÊQUE DE MALINES.

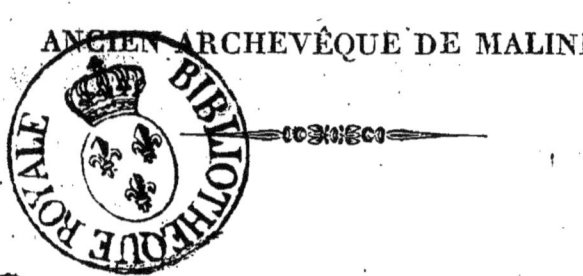

Peu d'écrivains ont obtenu des succès aussi éclatans et un nom plus populaire dans les deux mondes que le publiciste dont le nom décore cette notice. Né dans les rangs de l'aristocratie, et appelé de bonne heure à l'état ecclésiastique, M. de Pradt, avant la révolution, était vicaire-général du diocèse de Rouen, administré par son oncle le cardinal de Larochefoucaud. Porté aux états-généraux par le clergé de Normandie, M. de Pradt ne joua qu'un rôle passif dans cette assemblée qui vit briller tant de talens du premier ordre. Toutes ses études s'étaient bornées jusque-là à la théologie; et comme il le dit lui-même, avec sa piquante originalité, la Sorbonne l'avait *amorti.* « Je ne savais rien, je n'avais pas lu Montesquieu!! » C'est ainsi que M. de Pradt a coutume d'expliquer son silence à l'assemblée constituante.

Si le jeune théologien ignorait les questions d'économie sociale, nul n'était capable de les comprendre plus vîte et mieux; car jamais esprit plus vif, plus pénétrant, plus inquisiteur, si l'on peut parler ainsi, ne logea sous une enveloppe humaine. Mais le torrent révolutionnaire qui emportait tout, et ceux qui avaient voulu le diriger et ceux qui s'étaient vainement efforcés de barrer son passage, ne laissa pas à M. de Pradt le loisir d'approfondir les questions dont il n'avait fait qu'entrevoir l'importance. Jeté par la tourmente hors de sa patrie, il parcourut différentes contrées, et toujours il sut mettre à profit cet esprit d'investigation et d'observation dont la nature l'avait doué à un degré si supérieur : mœurs, agriculture, industrie, gouvernement, rien n'échappa à ses recherches, et tout fut rangé avec ordre et lucidité dans son infaillible mémoire.

Toutefois, il importe de remarquer que ce ne fut pas volontairement que M. de Pradt quitta la France; il n'émigra point, mais il fut déporté en sa qualité d'ecclésiastique. Si depuis, à l'occasion de la loi sur l'indemnité, M. de Pradt a adressé des accusations sévères à l'émigration, il avait le droit de la juger ainsi, car il n'avait point partagé les erreurs de ceux qui la provoquèrent sans nécessité, alors que le trône, ou du moins le monarque, pouvait encore être défendu par ses serviteurs les plus dévoués.

A son retour en France, où il se hâta de rentrer aussitôt qu'un gouvernement régulier se fut assis, M. de Pradt publia un voyage agronomique en Auvergne, qui renferme, de l'aveu de tous les agriculteurs instruits, d'excellentes idées sur l'amélioration de la culture et des races d'animaux, améliorations que M. de Pradt réalise aujourd'hui dans sa ferme modèle située près d'Allanches, dans le Cantal.

Ce fut peu de temps après que M. de Pradt reparut sur la scène politique, près de l'homme extraordinaire qui appelait toutes les capacités de son siècle et de son empire autour de lui. Nous ne le suivrons pas dans la carrière où il s'éleva successivement aux plus hautes dignités de l'Eglise et de l'Etat. Si M. de Pradt n'avait été qu'aumônier, archevêque, ambassadeur, chancelier, la postérité ne garderait pas long-temps son souvenir, et son nom serait confondu dans la foule des favoris ou des ministres, qui s'évanouissent avec leur fortune. Il n'y a de véritable gloire, aux yeux de la saine philosophie, que celle qui contribue à améliorer la condition de l'espèce humaine : rois, ministres, conquérans, c'est dans cette balance que vous serez définitivement pesés.

La vie des grands hommes a ses nuages : Turenne et Condé ont été infidèles à leur serment et ont combattu contre leur roi et leur pays; mais d'éclatans services ont fait oublier une erreur passagère, et ils n'en sont pas moins grands dans la postérité. En admettant, ce qui serait beaucoup moins grave, que M. de Pradt ait pu, dans une circonstance de sa vie, avoir des torts envers une grande infortune, nous ne craignons pas de le dire, cette faute est plus que rachetée par douze années de combats, de persécution et de triomphe, consacrées à la cause de la justice et des véritables intérêts des sociétés humaines.

Il nous en a coûté de rappeler des souvenirs pénibles, mais les détracteurs de M. de Pradt (et quel est l'homme supérieur qui n'en a pas?) auraient pu tirer des conséquences plus fâcheuses de notre silence que de nos paroles. D'ailleurs il est dans nos principes de faire la part du blâme avec celle de l'éloge.

C'est de la seconde restauration que date la véritable renommée de M. de Pradt : jusqu'alors, les souffrances de l'exil, ou l'embarras des affaires, l'avaient détourné des méditations sérieuses qui embrassent et la nature de l'homme et les institutions qui doivent le régir. Une disgrâce qu'on peut appeler salutaire, puisqu'elle lui a procuré des loisirs si utilement employés à la défense des principes constitutionnels, permit à M. de Pradt de donner un libre essor à son génie. Le courtisan ne sait pas être autre chose; la disgrâce le tue ou le démoralise, tandis qu'elle agrandit et fortifie les ames généreuses.

M. de Pradt, rentré dans la vie privée, se mit à examiner la situation politique du monde. Déjà, sous l'empire, lorsque tous les yeux fascinés par tant de gloire ne voyaient rien au-delà de l'Europe où se jouait le dernier acte de la révolution française, M. de Pradt avait porté sa vue au-delà de l'Atlantique, et annoncé la rupture inévitable des colonies espagnoles avec la mère-patrie. En 1815, les événemens qui ont changé la face du Nouveau-Monde commençaient à peine, mais dans ces tentatives, si peu importantes pour les politiques à vue courte, M. de Pradt aperçut le signal d'une révolution immense. Lorsque les insurgés américains fuyaient dans les déserts de leur vaste territoire, lorsque Bolivar errait sans armée, et presque sans asile, M. de Pradt, dont les prévisions s'étendaient bien au-delà de l'horizon du vulgaire, annonçait l'émancipation prochaine des Amériques, depuis le fleuve des Amazones jusqu'aux sources de l'Orénoque.

Les démentis et les sarcasmes ne manquèrent point à ces prédictions, mais bientôt les rieurs changèrent de langage, et la force des choses et le génie de Bolivar réalisèrent ces prophéties, qui prouvaient seulement que M. de Pradt avait surtout cette portée de vue, qui est l'un des principaux attributs d'une intelligence supérieure.

★

En même temps qu'il instruisait les colons espagnols de leurs droits, et que par de sages conseils il les prémunissait contre les intrigues de l'extérieur et contre l'influence de causes qui leur étaient personnelles, cet infatigable athlète, le Voltaire de la politique, ne négligeait point les affaires de l'ancien monde. Initié aux secrets de la diplomatie, connaissant parfaitement les intérêts divergens des puissances, M. de Pradt paraissait avoir écouté à la porte des congrès, tant ses révélations avaient d'à-propos et de vérité. Dans son historique des congrès de Vienne, d'Aix-la-Chapelle, de Carlsbad, etc., ce publiciste a signalé toutes les fautes, toutes les difficultés, tous les mauvais effets de la politique adoptée par la Ste Alliance. Si ses conseils eussent été plutôt suivis, la Grèce serait depuis long-temps pacifiée et indépendante. La barbarie et la civilisation ne peuvent vivre à côté l'une de l'autre; il faudra tôt ou tard que les Turcs soient chassés d'Europe, telle est l'opinion de M. de Pradt. La difficulté peut être ajournée, mais il faudra un jour en venir là. Le mode arrêté par les puissances, et qui se borne à placer la Grèce sous la suzeraineté du Grand-Seigneur, est donc une espèce de palliatif qui pourra suspendre, mais non empêcher l'adoption de moyens plus décisifs.

Il y a long-temps que M. de Pradt l'a dit : L'Europe ne pourra prendre une assiette fixe, que lorsque le gouvernement constitutionnel sera mis en vigueur chez tous les peuples dont la civilisation est assez avancée pour qu'ils en soient dignes. Toujours il a considéré l'Europe comme une vaste république qui, sauf quelques exceptions, a des idées et des intérêts à peu près conformes. Plus les peuples tendent à devenir *conformistes,* plus les gouvernemens doivent travailler à faire passer cette *conformité* dans les institutions politiques. Il est impossible qu'avec des lumières et des richesses également réparties, il existe ici une tribune, une presse libre, le droit de professer tel ou tel culte, d'aller, de venir, d'acheter, de vendre, et que tout près de là on ne puisse ni parler, ni écrire, ni prier, ni travailler, ni se déplacer, sans la permission d'une autorité qui a presque toujours des intérêts opposés à ceux de la majorité.

Le monde, dit M. de Pradt, est une école d'enseignement mutuel où les peuples s'instruisent de proche en proche.

Les affaires religieuses dont on a tant parlé depuis la restauration, et qu'on a si imprudemment mêlées aux discussions politiques, ont aussi appelé l'attention de l'auteur des *Quatre Concordats.* Franchement attaché aux principes de l'Eglise catholique, par son état et ses croyances, mais ennemi de l'intolérance, de la superstition et des guerres théologiques, M. de Pradt a posé les seuls principes raisonnables en matière religieuse. Liberté absolue pour toutes les croyances qui ne portent atteinte ni à l'ordre public, ni à la morale. Du reste, séparation également absolue du spirituel et du temporel, c'est là le fonds de la doctrine que M. de Pradt a développée dans tous ses écrits, et notamment dans celui que nous venons de citer.

Cette notice dépasserait de beaucoup l'étendue qu'elle doit comporter, si nous voulions parler de tous les ouvrages publiés par l'ancien archevêque de Malines. Son *Petit Catéchisme*, à l'usage des Français sur les affaires de leur pays, est le meilleur Manuel que l'on puisse mettre entre les mains des citoyens. Aucune question intéressante pour la France ne s'est élevée, que M. de Pradt ne l'ait traitée sous toutes ses faces et à fonds. Lorsqu'il fut question de changer la loi électorale du 5 février, dans ce moment de crise où chacun sentait qu'il y allait de l'avenir de la Charte et de la France, M. de Pradt redoubla d'énergie pour conjurer les orages dont il avait le pressentiment.

Le *factum* qu'il publia à cette époque, sous le titre de l'*Affaire de la Loi des Elections*, est un livre écrit sous l'inspiration du plus ardent patriotisme. S'attaquant corps à corps avec les puissances du jour, il les entraîne dans la lice, et ne cesse de lutter qu'après les avoir terrassées. Sa phrase brève et poignante frappe comme un stylet; mais, lorsqu'il déplore le sang versé dans les rues et sur les places de Paris en deuil, pour punir le cri de *Vive la Charte;* lorsqu'il peint ces scènes à jamais affligeantes, où des soldats armés sabraient une population sans armes qui faisait retentir les airs d'un cri légal et pacifique, il s'élève naturellement et sans effort aux plus beaux mouvemens de l'éloquence politique.

L'impression que produisit cet ouvrage composé de verve, et dans l'espace de quelques jours, fut si profonde, que le ministère d'alors, bien plus modéré que celui d'aujourd'hui, crut devoir déférer l'auteur à la sévérité des tribunaux : c'était la première fois qu'on voyait un prince de l'Eglise, un ex-grand dignitaire de l'Etat, appelé à répondre de sa conduite devant la même autorité qui juge journellement des escrocs et des malfaiteurs. M. de Pradt, trop sincère partisan de l'égalité devant la loi, était bien éloigné de réclamer une exception contraire à ses idées et à ses principes. Il parut sur la sellette, la croix d'archevêque sur sa poitrine, et il attendit avec confiance l'arrêt de la justice. Dans un discours plein de dignité, il protesta de l'innocence de ses intentions, mais du reste il ne voulut ni rien rétracter, ni rien affaiblir. Son attitude fut aussi noble, aussi digne que celle que l'on a admirée depuis, à si juste titre, dans la personne de M. Kératry.

La décision du jury qui jugeait alors les délits de

la presse, ayant été pour l'absolution, des applaudissemens inaccoutumés éclatèrent dans le sanctuaire de la justice; ceux qui ont vu cet enthousiasme peuvent seuls s'en faire une idée. Il fallut plus d'un quart d'heure à M. de Pradt et à son éloquent défenseur pour traverser la cour du palais, et de-là se rendre à la voiture qui les attendait. Chacun voulait voir les traits du plus spirituel et du plus énergique de nos écrivains politiques. La foule l'aurait porté en triomphe, si M. de Pradt ne s'était arraché à ces énivrantes démonstrations de la faveur populaire.

Chacun se disait alors que M. de Pradt avait achevé de conquérir son élection, et qu'il allait passer de la Cour d'assises à la Chambre des députés, de la sellette à la tribune. C'eût été en effet un acte de justice nationale; mais la loi du double vote et des circonscriptions électorales, et les rancunes ministérielles, qui eurent contre lui un caractère particulier d'acharnement, empêchèrent son entrée à la Chambre qui se forma, pour la première fois, sous l'influence de la loi qui nous régit encore. Plus tard, M. de Pradt avait été élu à Roanne; mais par de misérables chicanes on parvint à annuler sa nomination dont le *Moniteur* lui-même avait été complice en lui donnant un caractère officiel.

Exclu de la tribune législative, M. de Pradt continua de faire retentir celle qu'il s'était créée à lui-même par l'autorité de ses paroles et la hauteur de ses vues. Quand le ministère actuel intenta un procès à la France, en la condamnant à restituer un milliard aux émigrés, M. de Pradt prit sa défense, et sa plaidoirie, abondante en raisonnemens serrés et vigoureux, fut l'arsenal où tous les orateurs du côté gauche vinrent puiser des armes pour attaquer le projet du ministère. En même temps, M. de Pradt s'occupait, avec la prestesse inouie de son talent, de la Grèce, de la Turquie et de l'Espagne qu'il appelait une autre Turquie, et qui, par ses misères, par ses folies et ses réactions, n'a que trop réalisé les prédictions de M. de Pradt sur le gouvernement des Camarillas, des moines et de la tourbe qui crie: *Viva el rey netto!* c'est-à-dire, *Vive le roi, à bas la nation!*

Le Parallèle entre la Puissance anglaise et la Puissance russe, autre ouvrage de M. de Pradt, nous apprit à connaître les forces respectives de ces deux rivales qui ont recueilli l'héritage de Napoléon, et résolut la question de savoir à qui doit appartenir, en définitive, la prépondérance sur les affaires de l'Europe.

Le jésuitisme réchauffé par les hommes qui ont si fatalement méconnu l'esprit de la restauration, menaçait de nous envahir; M. de Pradt prend la plume, et dessine à grands traits les proportions gigantesques de l'ancien corps dont les tronçons épars cherchent à se rapprocher au commencement du 19me siècle. M. de Pradt soutient hardiment qu'on ne peut faire des jésuites avec des capucins, et que Loyola ne peut revivre après Voltaire. Si cet ouvrage philosophique, où les choses sont appréciées froidement, n'a pas eu le succès de vogue de la courageuse et mordante dénonciation de son compatriote, M. le comte de Montlosier, du moins a-t-il obtenu les suffrages de tous les penseurs, et une place honorable dans la bibliothèque de tous les hommes éclairés.

Il n'appartenait qu'à M. de Pradt de raconter les derniers événemens de l'indépendance américaine. Par une heureuse alliance, il rapproche les intérêts de la Grèce et de l'Amérique, et, dans l'écrit qui marque la ligne qu'il faut suivre à l'égard de ces peuples nouveaux venus, il prend cette devise éclatante : *Le genre humain est en marche, rien ne le fera rétrograder.* Les années semblent ajouter à la vigueur d'un talent qui a tout l'éclat et parfois l'exhubérance de la jeunesse. On dirait que le publiciste fait place au poète, lorsqu'il prélude, par un chant inspiré, aux magnifiques déclarations du congrès de Panama.

L'Amérique du Sud n'a pas moins été reconnaissante que celle du Nord. Le nom de M. de Pradt a été inscrit sur le registre des citoyens du Mexique et de Colombie. Bolivar, en lui transmettant l'expédition du décret qui lui confère cet honneur, lui a aussi adressé le brevet d'une pension accordée par la république colombienne; et, ce qui vaut mieux encore, l'assurance de son amitié.

Jusqu'ici nous n'avons parlé que de l'écrivain; l'orateur n'a pas eu l'occasion de se montrer, mais quiconque connaît M. de Pradt sait qu'il écrit comme il parle et qu'il parle comme il écrit. Nous avons eu dans toutes nos assemblées assez et peut-être trop d'orateurs, qui, dans le silence du cabinet, aiguisaient leurs armes contre le ministère et contre l'aristocratie. Ce qui a manqué à l'opposition, c'est un plus grand nombre d'hommes parlementaires familiers avec les hautes questions du droit public, des finances, etc., et toujours prêts à aborder la tribune avec confiance après un ministre ou un orateur de la couronne. Si dans les jours de sa plus grande splendeur, le côté gauche a manqué d'hommes de cette trempe, que doit-ce être depuis que la mort a fermé la bouche éloquente du général Foy, de Girardin, de Manuel, que la reconnaissance des citoyens ne peut plus aller chercher pour réparer une éclatante injustice?

MM. Benjamin Constant, Casimir Perrier, Sébastiani et quelques autres orateurs s'empresseront, n'en doutons pas, d'accueillir un collègue qui les aidera à partager le fardeau des discussions journalières.

Comment concevrait-on que M. de Pradt ne fût pas habile à improviser à la tribune, lorsque dans le cercle le plus nombreux et le plus choisi, il déploie, en se jouant, toutes les ressources de la dialectique, tous les charmes de l'élocution la plus vive, la plus originale et la plus variée? Chez lui l'expression naît aussi vite que la pensée, et toujours sans recherche, sans ambiguïté et sans effort. Les traits, les saillies abondent dans sa conversation qui se plie à tous les tons et à tous les sujets avec le même bonheur. Les meilleurs esprits ont leurs momens de sommeil, celui de M. de Pradt est toujours en haleine. La controverse l'alimente et l'excite. Comme Diderot, il fait un livre dans la conversation, et un pareil talent est encore vierge de la tribune !

De semblables capacités sont trop rares pour les laisser dans l'inactivité. En Angleterre, tout homme qui se distingue a sa place marquée au parlement; c'est que le peuple anglais, dans ses élections libres (nous ne parlons pas des bourgs pourris), consulte, avant tout, l'utilité. Les préventions favorables ou défavorables sont écartées. Le choix du représentant n'est pas une affaire d'affection ou de haine, mais de raisonnement et de calcul.

L'élection de M. de Pradt que l'on devrait regarder comme excellente en tout état de cause, devient, pour ainsi-dire, une nécessité du moment.

Au terme où le ministère nous a conduits, ce n'est point par des nominations sans couleur et sans énergie qu'on peut espérer, non de le corriger, ce qui est reconnu impossible, mais de l'arrêter ou de le renverser. Lorsqu'il s'est mis en hostilité avec tous les intérêts généraux, avec l'industrie, avec la presse, la garde nationale, c'est aussi par des élections franchement prononcées qu'il faut le combattre. Ce serait un fort mauvais calcul que d'opposer la faiblesse à la violence, la modération à l'audace. Il nous faut des députés énergiques, et la peur que le ministère a de M. de Pradt témoigne assez de la fermeté de ses opinions. Le ministère le redoute, parce qu'il désespère également de pouvoir le réfuter ou le corrompre. Croyons-en les précédens de l'administration, et profitons de la leçon que nous donnent nos adversaires. Ils ne consultent point nos répugnances dans la présentation de leurs candidats, ou plutôt c'est un motif pour eux de les préférer à d'autres. Aussi faut-il s'attendre à voir reparaître les hommes contre qui nous avons le plus de griefs, les Sallaberry, et les Piet, et les Frénilly, et les Dudon, et les Duplessis de Grénédan, etc.

Que l'opposition serre aussi ses rangs, et récompense par ses suffrages les hommes qui ont montré le plus d'ardeur pour sa cause. Au reste, M. de Pradt n'est hostile qu'aux ministres et aux jésuites;

il a toujours respecté et la monarchie constitutionnelle et les institutions qui confondent les droits de la royauté et de la nation. S'il a pu croire que la forme républicaine convenait au-delà de l'Atlantique, il a toujours pensé et écrit qu'il n'y avait de salut pour l'Europe que dans la monarchie représentative.

La mort a frappé plusieurs notabilités de la France constitutionnelle. Pour remplir ce vide, appelons celles qui nous restent encore. M. de Pradt, quoiqu'il soit dans toute la force de son talent, touche à un âge avancé; c'est un motif de plus pour le porter aux élections qui vont avoir lieu. Comme nous l'avons dit d'ailleurs, sa nomination à toute autre époque n'aurait plus la même opportunité.

Où allons-nous en effet? Quelle est la faction qui chaque jour gagne du terrain, mine sourdement nos institutions, et dévore, en espoir, tous les avantages si chèrement acquis au prix de tant de sang et de trente années de révolution? On ne peut plus se le dissimuler, le ministère, par sa faiblesse, nous a livrés à la faction jésuitique. La religion est le grand prétexte de ces novateurs rétrogrades. M. de Pradt sait mieux que personne où et comment il faut attaquer ce parti qui s'est si ridiculement affublé du manteau religieux. Armé de l'autorité de la raison et des lois de l'ancienne discipline, il repoussera ces Pharisiens qui viennent jusque dans le sanctuaire mendier la fortune et la faveur, et porter le trouble dans les familles. Il dira au prêtre, qu'en cette qualité, il ne peut réclamer ni privilége, ni exception à la loi civile qui régit tous les citoyens; à ceux qui demanderaient de nouvelles rigueurs contre les dissidens et les incrédules, il répondra que la loi de l'Evangile est une loi de tolérance et de liberté, et qu'il n'y a que Dieu qui ait le droit de scruter les croyances de l'honnête homme sur la terre.

Mais, dira-t-on, n'est-il pas imprudent d'appeler un prêtre à la discussion des intérêts publics? Non, si ce prêtre a prouvé, dans une foule d'écrits, qu'il est l'ennemi le plus déclaré des empiétemens de la classe à laquelle il appartient. N'est-ce pas par quelques-uns de ses membres que les priviléges de l'ancienne aristocratie ont été plus fortement attaqués? Il y a plus : les hommes qui se sont mis en opposition avec leur corps, sont peut-être ceux sur qui on doit le plus compter. Jamais Mirabeau et Lafayette ne se seraient réconciliés avec leur caste; jamais la partie du clergé, qui condamne les théories politiques de M. de Pradt, ne lui pardonnera ce qu'elle appelle une apostasie.

L'objection à laquelle nous venons de répondre pourrait d'ailleurs être plausible, si aucun ecclésiastique n'avait le droit de monter à la tribune; mais, lorsque plusieurs archevêques et évêques siègent à la Chambre des pairs, lorsqu'un prélat, ministre du

roi, peut, quand bon lui semble, prendre la parole à la chambre des députés; lorsque le culte catholique a un ministère et un budget particuliers, il est à regretter qu'il n'y ait point à la Chambre au moins un ecclésiastique assez versé dans le droit canon et dans le droit politique, pour redresser la confusion qu'on voudrait introduire dans les deux régimes.

M. Frayssinous dont nous respectons le caractère, mais qui, en sa qualité de ministre responsable, est sujet à la critique ainsi que tous ses collégues, a plusieurs fois abordé la tribune, et ses homélies, travaillées avec soin, débitées avec onction, ont toujours fait impression sur l'assemblée. MM. Casimir Perrier, Sébastiani, ont essayé de lui répondre, et parfois avec assez de bonheur, mais il était facile de s'apercevoir, aux précautions oratoires, aux ménagemens dont ils se servaient, que ces questions leur étaient trop peu familières, et l'on aurait presque été tenté de renvoyer l'un aux finances, et l'autre au budget de la guerre.

Qu'on suppose l'ancien archevêque de Malines à la Chambre, lorsque M. d'Hermopolis fit sur les jésuites ces confidences si embarrassées, ces demi-aveux recouverts de tant de palliatifs; M. de Pradt, que des sophismes mielleux n'auraient pu séduire, se serait élancé à la tribune, et aurait demandé un compte sévère au ministre, de l'infraction portée aux lois de l'état.

C'est peu d'avoir à faire à M. d'Hermopolis : on assure, et nous apprenons d'une manière certaine, que M. l'abbé Fayet, dont le nom est bien connu, se met sur les rangs dans la Lozère, et l'on croit que les chances de l'élection sont en sa faveur. Si M. Fayet est nommé, qui pourra l'attaquer et le battre avec ses propres armes, si ce n'est M. de Pradt?

On trouve dans sa nomination cet immense avantage, qu'il est propre à traiter toutes les questions d'intérêt public, et qu'il a en outre une spécialité unique pour les questions religieuses qui s'agiteront infailliblement dans la nouvelle assemblée.

M. de Pradt a donné trop de garanties à la cause libérale, pour craindre une défection impossible dans sa situation. L'ami de Bolivar ne peut jamais être celui de M. de Villèle. Electeurs de l'arrondissement de Clermont, c'est à vous qu'il appartient surtout d'exercer un grand acte de reconnaissance nationale. On cherchera à vous inspirer de fausses idées sur le caractère de M. de Pradt; peut-être s'est-on déjà empressé de vous le peindre comme un ambitieux qui voudrait faire de la députation un marchepied pour s'élever aux honneurs; défiez-vous de ces accusations intéressées que favorisent les agens de ce ministère qui cherche à flétrir tous les caractères et tous les talens élevés. Toute supériorité l'effraie, car il semble qu'elle fait mieux ressortir sa petitesse. M. de Pradt sera à la Chambre ce qu'il a été, depuis douze ans qu'il habite parmi nous. Pourquoi chercheriez-vous un autre candidat? En est il un qui ait rendu de plus éclatans services à la cause de la civilisation et de la liberté? en est-il un que nos ennemis redoutent davantage? Sa fortune le met à l'abri des séductions du pouvoir et de l'ambition. Il n'en a, et ne peut en avoir qu'une, c'est de consacrer ses dernières années au triomphe des principes qu'il a propagés avec une ardente conviction, c'est de couronner sa mission politique par l'éclat des travaux parlementaires.

L'ingratitude est funeste aux partis. M. de Pradt a mérité la députation; qu'il y soit porté par vous! Cette récompense, la plus belle qu'on puisse espérer sous un gouvernement libre, lui sera plus douce venant de ses compatriotes du Puy-de-Dôme. Le lustre en rejaillira sur nous tous. L'intérêt de la France, le vôtre, l'honneur de la province, tout vous y convie.

M. de Pradt est Auvergnat par sa naissance et par ses affections. Fondateur d'un établissement important pour l'agriculture de notre province, il y consacre la moitié de ses revenus, et son intention, manifestée hautement avant qu'on parlât d'élections, est d'en assurer la propriété à son pays, après sa mort.

Electeurs, c'est dans la nouvelle assemblée que vont se jouer les destinées de la France. Vous avez vu ce que le ministère a fait de sa majorité dans la Chambre qui vient d'être dissoute. Vous n'avez point oublié les lois de sacrilége, de droit d'aînesse, d'indemnité, d'abolition de la presse. Par bonheur, le ministère a trouvé un obstacle dans la Chambre des pairs qui a rejeté la plus grande partie de ses lois désastreuses et inconstitutionnelles. Ce boulevard sera détruit, si le ministère, qui a fait dresser les listes sous le régime de la censure, qui, par une précipitation sans exemple, annonce, autant qu'il est en lui, le projet d'escamoter les élections, parvient à s'assurer une majorité dévouée. Alors la pairie sera blessée dans son indépendance et sapée dans sa base (1). Alors reparaitront les lois dont le parti qui nous opprime, a recueilli précieusement les lambeaux; il y ajoutera la dépouille de tous nos droits constitutionnels au profit des jésuites. Les registres de l'état civil passeront aux mains du clergé : peut-être une dotation en biens-fonds lui sera-t-elle accordée, ainsi que le publient hautement ses organes. Industrie, commerce, beaux-arts, instruction, tout sera réglementé et monopolisé, et le servage de la presse ne laissera aucune issue à la plainte, aucun asyle à l'espérance, à moins que

---

(1) L'auteur de cette Notice ne s'attendait pas à voir réaliser sitôt sa prédiction. Le ministère n'a pas attendu le résultat des élections pour frapper le coup d'état porté à l'indépendance de la Chambre héréditaire.

l'abyme des révolutions ne se rouvre sous nos pieds.

Electeurs, vous pouvez prévenir ces calamités, en usant d'un droit légal et constitutionnel, en répondant franchement à l'appel que le monarque vous adresse. *Ah! si le roi savait!* dites-vous quelquefois; eh bien! il le saura si vous lui envoyez des députés qui aient le courage et la volonté d'exposer les craintes et les souffrances de la nation.

Si, contre nos espérances, la majorité vous échappait, une minorité imposante par le nombre et par le talent serait encore une victoire. Cette minorité attirerait à elle tous les députés, pour qui la crainte du blâme public est un frein salutaire. Dans la Chambre qui vient d'être dissoute, l'opposition n'était d'abord qu'une fraction inaperçue; peu à peu elle s'est grossie, au point que dans quelques circonstances, le ministère s'est vu abandonné de la majorité. Certes, si à la place des orateurs qui ont soutenu une lutte si pénible et si glorieuse, l'opposition n'eût eu pour organes que des hommes tout aussi honnêtes, mais privés de l'ascendant que donne le talent et la renommée, nous n'aurions pas pu nous féliciter d'un pareil résultat. C'est que la parole exerce une immense autorité dans tout pays où l'on discute publiquement. La victoire est tôt ou tard assurée à qui parle haut et bien. La pensée qui se réfugie dans les livres marche d'un pied boiteux, celle qui part de la tribune a des ailes.

Electeurs de l'arrondissement de Clermont, réunissez-vous pour nommer M. de Pradt. En votant pour lui, vous votez contre les priviléges de toute espèce, contre l'ultramontanisme et le jésuitisme, et, en un mot, contre toutes les plaies qui nous affligent. La France, l'Europe, l'Amérique applaudiront à ce glorieux choix; les ministériels, les jésuites et les absolutistes seront seuls à s'en affliger. Electeurs indépendans, daignez vous entendre, et rappelez-vous la maxime :

AIDE-TOI, DIEU T'AIDERA.

VAISSIÈRE,
Avocat à Clermont-Ferrand.

www.ingramcontent.com/pod-product-compliance
Lightning Source LLC
Chambersburg PA
CBHW070544080426
42453CB00029B/1947